INVENTAIRE
V 42557

AF586130

LE JEU DE L'HOMBRE,

COMME ON LE JOÜE preſentement à la Cour, & à Paris ;

OU L'ON VOIT

Comment ſe joüe Eſpadile forcé, l'Hombre à deux, à trois & à cinq.

AVEC

L'explication des Termes dont on ſe ſert en le joüant.

A PARIS,
Chez la Veuve CLAUDE BARBIN, au Palais, ſur le ſecond Perron de la Sainte-Chapelle.

M. DC. XCIX.
Avec Privilege du Roy.

LE LIBRAIRE AU LECTEUR

VOicy un nouveau Jeu de l'Hombre que je vous presente, amy Lecteur, celuy que je vous donnay autrefois étant à present si different de la maniere de le joüer d'aujourd'huy, qu'il ne peut être d'aucune utilité pour ceux qui ont envie de le sçavoir : celuy-cy est redigé par articles, afin que l'esprit se trouve borné par quelque chose, & ne voltige pas de preceptes en preceptes, sans en tirer aucun fruit. On a tâché de ne rien obmettre pour en faciliter l'intelligence à ceux qui n'en ont aucune teinture, & qui le veulent apprendre : & ceux qui le ſçavent, trouveront au moins de quoy regler les difficultez que la differente maniere de le joüer fait naître à tout moment : peut-être même trouveront-ils étrange que l'on ait rebatu des choſes ſuffiſamment expliquées auparavant ; mais qu'ils faſſent reflexion que ces repetitions ſe ſont faites en faveur de ceux qui commencent, & à l'égard des choses qui font l'essenciel du Jeu.

Au reste, comme il y a des termes que tout le monde n'entend pas, & qui font croire à ceux qui les ignorent que c'est la magie noire, on les a mis à la fin, avec l'explication, pour effacer l'idée que bien des gens ont que le Jeu de l'Hombre est un Jeu barbare, où l'on ne parle pas Chrétien.

TABLE DES CHAPITRES.

DU Jeu de l'Hombre, page 1
Du nombre des Cartes, 4
De l'ordre naturel des Cartes, 5
De l'ordre des Cartes quand elles sont Triomphes, 10
Ce qui fait les Triomphes, 17
Des Matadors & de leurs privileges, 23
De la maniere de disposer le Jeu, 32

Table des Chapitres.

De la maniere de joüer ſans prendre, 40
De la maniere d'écarter, 45
De la maniere de joüer les Cartes, 50
De la Bête, 55
Du Codille, 61
De la maniere de marquer le Jeu, 65
De la Vole, 71
De la durée du Jeu, 74
Des differens Jeux qui ſe peuvent joüer, 76
De l'Eſpadille forcé, 103
De l'Hombre à deux, 105
De l'Hombre à cinq, 107
Table des Termes qui ſont particuliers au Jeu de l'Hombre, 120

Table des Loix du Jeu de l'Hombre, 130

Fin de la Table des Chapitres.

DU

DU JEU DE L'HOMBRE.

IL est inutile de s'arréter à l'étymologie du Jeu de l'Hombre : il suffit de dire que les Espagnols en sont les Auteurs, & qu'il se sent du flegme de la Nation dont il tire son origine. Aussi faut-il de l'application pour le bien joüer ; & quelque vivacité qu'on ait, on y fait bien des fautes quand on pense à autre chose, ou qu'on est distrait par la conversation de ceux qui regardent joüer.

Ainsi pour le bien joüer, il faut du silence & de la tranquillité. Il est donc de la discretion de ceux qui sont presens quand on y joüe, de ne point prendre d'autre plaisir que celuy de voir joüer, si cela ne se peut faire sans distraire les Joüeurs.

Ce que je dis ne doit

pas faire croire à ceux qui le veulent apprendre, que c'eſt une étude qui donne plus de peine que de plaiſir ; car il eſt ſans contredit le plus beau & le plus divertiſſant de tous les Jeux, pour ceux qui ont ce qu'on appelle ordinairement l'eſprit du Jeu.

De plus, c'eſt qu'il ſe joüe dans la plûpart des Compagnies d'une maniere à perdre ſi peu d'argent, que l'on ne ſe fait pas une loy inviolable de cette retenuë dont nous parlons.

Il y a pluſieurs manieres de joüer l'Hombre : on

jouë quelquefois Eſpadille forcé, quelquefois on le jouë à deux perſonnes, quelquefois à cinq ; mais il ſe jouë plus ordinairement à trois, & c'eſt de cette maniere de le joüer que nous parlons preſentement ; nous parlerons des autres dans la ſuite.

Du nombre des Cartes.

Le nombre des Cartes eſt de quarante ; les Marchands les vendent ordinairement toutes preparées ; ſinon, on prend un Jeu entier, qui eſt composé de cinquante-deux Cartes, dont on ôte les quatre Dix, les quatre Neuf, & les quatre Huit, qui sont douze Cartes à ôter de cinquante-deux ; ainsi il en reste quarante, & ces quarante font le Jeu de l'Hombre.

De l'ordre naturel des Cartes.

J'appelle l'ordre naturel des Cartes, l'ordre qu'elles ont quand elles ne sont point Triomphe.

Il y a quatre couleurs, deux noires, & deux rouges ; les deux noires ſont le Pique & le Trefle.

L'ordre du Pique & du Trefle eſt comme dans les autres Jeux, & eſt tout naturel ; le Roy, la Dame, le Valet, le Sept, le Six, le Cinq, le Quatre, le Trois, & le Deux.

Il faut obſerver ſeulement que les As noirs n'ont point de place dans l'ordre naturel des Cartes ; la raiſon eſt, qu'ils ſont toûjours Triomphe, comme nous dirons dans la ſuite.

Les deux couleurs rouges ſont le Carreau & le Cœur, dont l'ordre eſt un peu different ; mais cette difference consiste en fort peu de choses.

Le Roy, la Dame, le Valet gardent leur ordre naturel ; mais pour les autres elles le renversent absolument, & les plus basses emportent les plus hautes ; ainsi aprés le Valet est l'As, le Deux, le Trois, le Quatre, le Cinq, le Six, & le Sept.

Cela ne merite pas d'arréter ; mais afin qu'on le voye d'un clin d'œil, on les a mises suivant leur ordre naturel dans les Tables suivantes.

Noires.

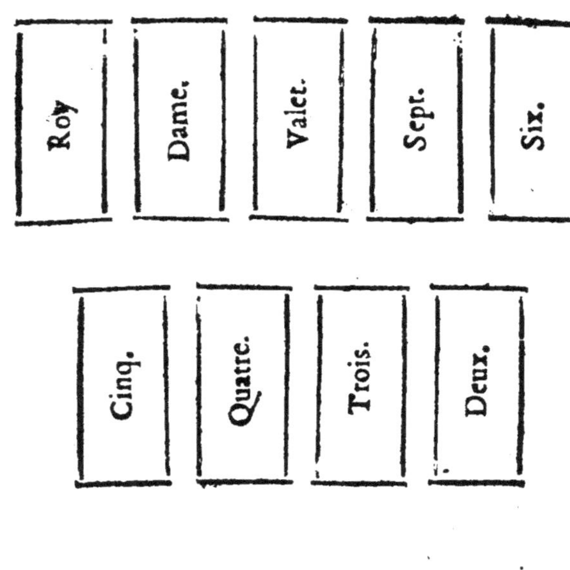

Rouges.

Roy.	Dame.	Valet.	As.	Deux.
Trois.	Quatre.	Cinq.	Six.	Sept.

Obſervez qu'il y a dix Cartes en rouge, & qu'il n'y en a que neuf en noir, par la raiſon que nous avons déja dite, que les As noirs, qui ſont toûjours Triomphe, n'y ont point de place.

De l'ordre des Cartes quand elles ſont Triomphes.

Il faut ſe ſouvenir ici de ce que nous venons de dire, que les As noirs ſont toûjours Triomphe, en quelque couleur que l'on joüe; ainſi, ſoit qu'on joüe en Pique, Trefle, Cœur ou Carreau, l'As de Pique eſt toûjours la premiere Triomphe, & l'As de Trefle toûjours la troiſiéme.

L'As de Pique s'appelle Eſpadille, & l'As de Trefle ſe nomme Baſte.

Cela ſuppoſé, il eſt aiſé de voir que la premiere Triomphe & la troiſiéme ſont toûjours fixes ; la difficulté eſt de ſçavoir quelle doit être la ſeconde Triomphe.

En quelque couleur que l'on jouë, la derniere Carte dans l'ordre naturel devient la ſeconde Triomphe ; ainſi le Deux de Pique, quand on jouë en Pique, eſt la ſeconde Triomphe, & pour lors ſe nomme Manille. Il en eſt de même du Deux de Treſle quand on jouë en Treſle.

Quand on joüe en rouge, le Sept de Cœur ou le Sept de Carreau ſont la ſeconde Triomphe, c'eſt-à-dire le Sept de Cœur quand on joüe en Cœur, & le Sept de Carreau quand on joüe en Carreau, & pour lors s'appellent auſſi Manille.

Il y a donc comme vous voyez quatre Manilles, ſçavoir les deux Deux en noir, & les deux Sept en rouge; mais elles ne joüiſſent de ce privilege que lorſque l'on joüe en la couleur dont elles ſont. Si l'on joüe en Pique, le Deux de Pique eſt la Manille, & les trois autres ſont les dernieres Cartes de la couleur dont elles ſont : il en éſt de même des autres à proportion.

Il n'y a plus qu'une ſeule obſervation ; c'eſt à l'égard des As rouges quand on joüe en rouge ; car ils changent de place : ainſi quand on joüe, par exemple, en Cœur, l'As de Cœur marche devant le Roy, & eſt alors la quatriéme Triomphe. Il en eſt de même de l'As de Carreau quand on joüe en Carreau, & pour lors ils s'appellent Pontes.

Mais il faut ſe ſouvenir que ce n'eſt que quand on joüe en la couleur dont ils ſont ; car hors de-là ils ſuivent l'ordre naturel dont nous avons parlé ci-devant.

Pour plus grande facilité, voyez les Tables ſuivantes, où les Triomphes ſont dans leur ordre.

Noires.

Eſpadille, As de Pique.	Manille, le Deux.	Baſte, As de Treſle.	Roy.
Dame.	Valet.	Sept.	Six.
Cinq.	Quatre.	Trois.	

Rouges.

Eſpadille. As de Pique.	Manille, le Sept.	Baſte, As de Treſle.	Ponte. As rouge.
Roy.	Dame.	Valet.	Deux.
Trois.	Quatre.	Cinq.	Six.

Obſervez qu'il n'y a qu'onze Triomphes en noir,

noir, & douze en rouge.

Ce qui fait les Triomphes.

Les Triomphes au Jeu de l'Hombre ne ſe font pas comme à l'Imperiale & à la Bête, en tournant une Carte, car on ne tourne point.

Voici donc comme elles ſe font ; quand on a donné les Cartes, comme nous allons dire, chacun voit ſon Jeu & parle à ſon rang.

Suppoſons que vous êtes le premier en Carte, & que vous ayez, par exemple, Eſpadille, le Deux de Pique, le Baſte, le Sept de Pique & le Trois, avec quatre autres Cartes de differentes couleurs; conſultez l'ordre des Cartes quand elles ſont Triomphes, vous verrez que vous avez trois Matadors, le Sept & le Trois, qui eſt tres-beau Jeu; vous demandez ſi on le joue: Je ſuppoſe que les autres n'ont pas de Jeu, on vous répond que non; vous dites alors: Je joüe en Pique, & vous faites vôtre écart, comme nous dirons ci-aprés, & voilà comme ſe font les Triomphes. Ce que je dis du premier en Carte ſe doit entendre des deux autres, quand ceux qui precedent n'ont pas de Jeu & ont dit Paſſe.

Les Triomphes ſe font donc en nommant par celuy qui entreprend de joüer, la couleur où il eſt le plus fort.

Mais il faut bien ſe ſouvenir de la nommer avant d'avoir vû ſa rentrée : car ſi celuy qui jouë voit ſa rentrée, ou même la tourne devant ſes yeux avant d'avoir nommé la couleur en laquelle il jouë, les

son Jeu, car si elle y est jointe il ne luy est pas permis de refaire son écart.

Il faut nommer formellement la couleur ; & il ne suffiroit pas à celuy qui jouëroit, par exemple, en Trefle, de montrer qu'il écarte trois Cartes, qui seroient un Cœur, un Pique & un Carreau ; & de dire, vous voyez bien en quoy je jouë, parce que l'on peut écarter des Triomphes.

Il ne suffit pas aussi de dire, je jouë en Amour, Guerre, ou Indifference, pour dire en Trefle, Pi-

que, ou Carreau ; en un mot, il faut nommer formellement, & il n'y a point d'équivalent qui ſuffiſe.

Si l'Hombre, aprés avoir vû ſa rentrée, ſe ſouvient qu'il n'a pas nommé ſa couleur, & qu'il la nomme devant que l'on en ait nommé une autre, il n'encoure aucune peine & ſa couleur eſt bien nommée.

Si l'Hombre nomme une couleur pour l'autre, il doit joüer en celle qu'il nomme la premiere : ainſi ſi ayant Jeu à joüer en Pique, il diſoit, je jouë en

Cœur, dis-je, Pique, il ſeroit obligé de joüer en Cœur.

En ce cas il luy eſt permis de refaire ſon écart, ſuppoſé que la rentrée ne ſoit pas jointe à ſon Jeu.

Des Matadors & de leurs Privileges.

Il n'y a proprement que trois Matadors, qui ſont Eſpadille, Manille, & Baſte, qui ſont les trois premieres Triomphes de la couleur où l'on jouë.

Eſpadille eſt toûjours l'As de Pique.

Manille eſt le Deux en noir & le Sept en rouge, & le Baſte eſt l'As de Trefle.

Le Privilege des Matadors eſt de ne pouvoir être forcez par aucune Triomphe inferieure ; un exemple éclaircira cecy.

Suppoſons que j'aye en main le Baſte ſeul, c'eſt-à-dire ſans autre Triomphe, & que celuy qui eſt premier en Carte jouë le Roy de Triomphe, je ne ſuis pas obligé de mettre mon Baſte, & je m'en vas de telle Carte qu'il me plaît de celles que j'ay dans la main.

J'ay

J'ay dit d'aucune Triomphe inferieure, parce que les ſuperieures forcent les inferieures : ainſi dans l'exemple ci-deſſus, ſi le premier en Carte joüoit Eſpadille ou Manille, qui ſont Triomphes ſuperieures au Baſte, je ſerois obligé de le mettre ; parce que, comme nous avons dit, le ſuperieur force l'inferieur.

Remarquez cependant qu'il faut que ce ſoit le premier qui joüe le Matador ſuperieur pour forcer l'inferieur.

Car, par exemple, ſi je ſuis dernier en Carte &

que j'aye le Baſte ſeul, ſi le premier jouë à Tout du Roy, & que le ſecond mette Eſpadille ſur le Roy, je ne ſuis pas obligé de mettre le Baſte, parce que Eſpadille n'a pas été joüé par le premier.

Quand je dis par le premier, je n'entends pas le premier en Carte, mais celuy qui jouë aprés avoir fait la levée derniere.

Un autre privilege des Matadors, eſt d'être payez d'un Jetton quand on les jouë ſimples, ou de deux quand on les jouë doubles, comme nous l'expliquerons plus amplement.

Mais pour être payez, il faut qu'ils ſoient tous les trois dans la main de celuy qui jouë, autrement ils ne ſe payent point.

Autrefois l'Hombre les payoit quand il faiſoit la Bête, & que les trois Matadors étoient dans la main de l'un des deux autres ; mais cela n'eſt plus en uſage.

Si l'Hombre gagne avec les trois Matadors, il ſe les fait payer ; s'il perd, il les paye aux autres. Ce privilege ſe communique à toutes les autres Triomphes qui ſont de ſuite, & ces Triomphes uſurpent alors le nom de Matadors : Ainſi celuy qui a les quatre premieres Triomphes ſe fait payer quatre Matadors ; s'il a les cinq premieres, il en fait payer cinq ; & ainſi des autres à proportion, juſqu'à neuf : mais il faut pour être payez, que les Triomphes ſoient de ſuite.

De la maniere de diſpoſer le Jeu.

Il faut d'abord compter

pour chacun des Joüeurs vingt Jettons & neuf Fiches, & se souvenir que chaque Fiche vaut vingt Jettons & s'appelle Cent.

Il faut ensuite convenir de la valeur de chaque Fiche ; si elle vaudra cinq, dix, vingt, trente sols, ou plus ou moins ; & c'est ce qu'on appelle joüer aux cinq, aux dix ou aux trente sols le Cent.

Aprés quoy il faut tirer les places ; ce qui se fait en mettant aux trois places où sont comptez les Jettons, trois Cartes de differentes couleurs, & en prenant trois des mêmes couleurs, que l'on fait tirer au ſort aux trois Joüeurs; & chacun ſe place à la couleur qu'il a tirée.

Il y avoit autrefois des ceremonies tres-incommodes, chacun ſe déferant l'honneur de tirer le premier dans les trois Cartes que l'on preſente; mais on les a ſupprimées: & l'uſage eſt que celuy qui eſt entré le dernier dans la Chambre tire le premier.

On ne laiſſe pas encore de faire quelquefois

quelques complimens ; mais cela cesse dés le moment qu'on allegue la loy de tirer le premier quand on est entré le dernier.

Chacun ayant tiré & s'étant mis à sa place, on regarde à qui fera ; & pour cela on tourne une Carte au milieu de la Table, aprés quoy en distribuant aux trois Joüeurs des Cartes tournées l'un aprés l'autre, celuy qui a la plus haute de la couleur de celle qui est au milieu de la Table, est celuy qui fait.

Il y a si peu de desavantage à faire d'abord,

que les Meſſieurs ſe font ordinairement honneur de ſervir les Dames.

De la maniere de donner les Cartes.

Nous avons dit que chacun des Joüeurs doit avoir neuf Fiches & vingt Jettons avant de donner: on marque le Jeu, en mettant chacun deux Jettons devant ſoy.

Chacun des Jettons qui marquent le Jeu, en vaut trois: & cette maniere abregée de marquer, eſt afin que l'on voye plus facilement si tous ont bien marqué.

Le Jeu étant marqué, celuy qui doit faire bat les Cartes, fait couper celuy qui est à sa gauche, & les donne trois à trois, jusqu'au nombre de neuf que chacun doit avoir.

Il n'est pas permis de donner les Cartes autrement que trois à trois; & si on les donnoit d'une autre maniere, par mégarde ou autrement, le coup est nul, & celuy qui a fait doit refaire.

Si les trois passent, on en remet chacun un devant ſoy; & cela autant de fois que l'on paſſe.

Enfin, s'il ſe trouve que le premier en Carte a beau jeu, il demande aux autres : joüez - vous ſans prendre? (nous ſuppoſons icy que les autres n'ont pas de jeu) ils répondent que non.

Aprés quoy il fait ſon écart, & écarte trois, quatre, cinq ou ſix Cartes, ſelon le jeu qu'il a : il prend le Talon à la droite de celuy qui a fait, met à la place les Cartes qu'il écarte, nomme la couleur en laquelle il veut joüer, prend dans le Talon autant de

Cartes qu'il en écarte, & remet le reſte du Talon au milieu de la table : quand cela s'obſerve, on n'eſt jamais en peine de ſçavoir à qui c'eſt à joüer ; car c'eſt toûjours à celuy qui a les écarts à ſa gauche.

Si en donnant les Cartes il y en a une tournée, on continüe comme ſi de rien n'étoit, à moins que ce ne ſoit un As noir, auquel cas on refait : ſi c'eſt celuy qui donne qui la tourne en donnant, il eſt au choix de celuy à qui elle va de la recevoir ou de la rejetter ; mais ce n'eſt que dans le cas de l'As noir, qu'on ne peut rebuter que par chagrin.

S'il y a plusieurs Cartes tournées en donnant, on refait.

Mais s'il y en a seulement une de tournée dans le Talon quelle qu'elle soit, l'Hombre joüât-il sans prendre, le coup est nul, & il faut refaire. Si celuy qui fait a donné dix Cartes, ou qu'il les ait prises pour luy, il ne peut joüer.

A l'égard des deux autres ils peuvent joüer, en avertissant auparavant qu'ils ont dix Cartes ; auquel cas ils en doivent écarter une de plus qu'ils n'en prennent dans le Talon : car ſi aprés l'écart fait ils en avoient dix , ils feroient la Bête ; ils la feroient pareillement s'ils demandoient ſi l'on joüe, ſans avoir auparavant accuſé qu'ils ont dix Cartes.

A l'égard de celuy qui dit Paſſe avec dix Cartes, on le joüe differemment : en bien des endroits on ne fait pas la Bête pour cela ; en d'autres on la fait.

Pour moy je trouve trop de ſeverité à faire la Bête, pour paſſer avec dix Cartes ; car il arrive ſouvent qu'un Joüeur eſt d'un malheur affreux : il ne voit que des Trois & des Quatre dans ſon jeu, il n'a pas le courage de regarder ſes Cartes, & on luy fera faire la Bête pour ne les avoir pas comptées : Je ſuis donc de l'avis de ceux qui ne la font faire que quand on a dix Cartes aprés avoir écarté.

Autrefois on étoit là-deſſus d'une exactitude ſi grande, que ſi un Joüeur avoit dit, je paſſe, j'ay dix Cartes, il auroit fait la Bête : à preſent on a preſcrit cette ſeverité Eſpagnole, & on joüe d'une maniere plus humaine.

Si celuy à qui on a donné dix Cartes veut joüer ſans prendre, il faut qu'il batte ſes Cartes, & que l'on en tire une au hazard, que l'on met dans l'écart; mais aprés qu'il a conſenty que l'on luy en tire une, il eſt obligé de joüer ſans prendre.

Ce que nous avons dit quand on a dix Cartes, ſe doit auſſi entendre quand on n'en a que huit; car la peine eſt égale pour plus comme pour moins.

Si celuy qui n'en auroit

que huit vouloit joüer ſans prendre, il faudroit qu'il fit avec ſes huit Cartes aſſez de levées pour gagner: s'il joüoit en prenant, il en prendroit du Talon une de plus qu'il n'en écarteroit.

Si celuy qui fait, aprés avoir donné, s'aviſoit de retourner une Carte par mégarde ou autrement, il ne peut joüer, & n'ôte point aux deux autres la liberté de joüer.

De la maniere de joüer ſans prendre.

Joüer ſans prendre, c'eſt joüer ſans écarter; & pour

cela

cela il faut ſe ſentir aſſez beau jeu pour faire cinq levées.

Le droit de celuy qui joüe ſans prendre, eſt de ſe faire payer ſix jettons par chacun des Joüeurs pour le ſans-prendre.

Preſentement on joüe preſque par-tout le ſans-prendre, & les Matadors doubles.

C'eſt à dire que l'on donne à celuy qui joüe ſans prendre, douze jettons pour le ſans prendre, & deux pour chaque Matador.

Remarquez qu'il les faut demander avant qu'on ait

coupé; car ſi on a coupé il y a preſcription, & ils ne ſe payent plus.

Il n'en eſt pas de même de la Bête, que l'on peut demander, quoiqu'on ait joüé pluſieurs coups depuis.

Si c'eſt le premier en Carte qui joüe ſans prendre, il nomme ſa couleur, & les autres font leurs écarts comme nous avons dit cy-deſſus, & comme nous le dirons plus amplement dans la ſuite: & s'il a jeu ſûr, comme ſeroient cinq Matadors, il peut dire, je joüe ſans prendre, & montre ſon jeu ſans être obligé de nommer ſa couleur.

Si celuy qui a joüé ſans prendre fait cinq levées, ou une de plus que celuy des deux autres qui en fait davantage, il ſe fait payer ce qui eſt marqué au jeu, & par-deſſus cela le ſans-prendre : s'il perd il paye le ſans-prendre aux deux autres, c'eſt à dire qu'il leur en donne chacun ſix ſi on joüe le ſans-prendre ſimple, & douze ſi on le joüe double.

Si le premier en Carte demande ſi l'on joüe ſans prendre, & que l'un des deux autres réponde que oüy, le premier a la prefe-rence, & peut joüer ſans prendre : s'il n'a pas jeu à joüer ſans prendre, l'autre y joüe d'obligation, nomme ſa couleur, & ſe fait payer du ſans-prendre s'il gagne, ſinon il le paye, comme nous venons de dire. Si l'un des Joüeurs, hors le dernier en Carte, n'ayant pas jeu à joüer ſans prendre, nomme ſa couleur ſans demander ſi l'on joüe, il eſt obligé de joüer ſans prendre.

Si cela ſe faiſoit aprés avoir fait ſon écart & en prenant le Talon, patce qu'il ſe croiroit le dernier en Carte, il ne ſeroit pas obligé de joüer ſans prendre; mais celuy qui eſt devant ne perdroit pas pour cela le droit de parler le premier, & de luy demander s'il joüe ſans prendre.

De la maniere d'écarter.

Quand l'Hombre joüe ſans prendre, il n'eſt pas difficile d'écarter; le premier peut prendre juſqu'à huit Cartes, & même neuf; mais ce ſeroit ne ſçavoir pas le jeu, car on en doit laiſſer au moins cinq à celuy qui doit écarter aprés, afin que le jeu ne ſe partage pas.

Lorſque l'Hombre ne joüe pas ſans prendre, celuy qui écarte aprés luy ne doit jamais aller au fonds qu'il n'ait quelque Matador ou quelques fortes Triomphes avec des Rois.

On appelle aller au fonds, laiſſer moins de cinq Cartes à celuy qui doit écarter aprés ; autrement on ruïne le Jeu, en partageant les Triomphes ; ce qui fait fort ſort ſouvent gagner l'Hombre.

Il eſt donc de la diſcretion de celuy qui doit écarter le premier aprés l'Hombre, de voir ſi avec les Triomphes qu'il peut raiſonnablement eſperer dans les cinq ou ſix Cartes qu'il tire du Talon, il peut faire trois ou quatre levées, ſans quoy il doit laiſſer cinq Cartes à celuy qui écarte aprés luy.

Il eſt vray qu'il n'eſt pas neceſſaire que les quatre levées ſoient auſſi ſûres que s'il étoit l'Hombre, la raiſon eſt que le tiers l'aide en faiſant *Gano* de ſes Rois, & en forçant les Triomphes de l'Hombre.

Si l'Hombre ne jouë pas

ſans prendre , il écarte le premier, & celuy qui eſt à ſa droite aprés : s'il joüe ſans prendre, il ne fait point d'écart, & celuy qui eſt à ſa droite écarte le premier.

Remarquez donc que pour écarter on ne regarde pas qui eſt le premier ou dernier en Carte ; mais que les écarts ſe font toûjours en défilant par la droite de celuy qui jouë

L'Hombre doit être attentif à la maniere d'écarter des autres , & prendre garde qui eſt celuy qui va au fonds, afin de s'en donner de garde, & tâcher de faire

faire faire deux levées à celuy qui n'y va pas, s'il n'a pas assez de jeu pour gagner sans cela.

S'il reste quelques Cartes du Talon, celuy qui a écarté le dernier peut les voir, s'il veut, auquel cas les deux autres peuvent aussi les voir; mais s'il ne les voit pas, celuy des deux autres qui les regarde fait la Bête.

Si l'un des Joüeurs en écartant prenoit trop de Cartes, il ne fait pas pour cela la Bête, pourvû qu'il ne les ait pas vûës; & il en est quitte pour remettre ſur le Talon celles qu'il prend de trop.

Si elles ſont mêlées avec ſon jeu, on les tire au hazard.

S'il en prend trop peu, c'eſt preſque la même choſe : ſi le Talon eſt encore ſur le tapis, il en prend ce qui luy manque; s'il n'y eſt plus, il les prend au hazard dans les écarts.

De la maniere de joüer les Cartes.

Les écarts étant faits, le premier en Carte joüe le premier ; & l'on continuë à chaque levée comme dans tous les autres Jeux, en commençant par celuy qui a fait la levée.

Ce qu'il faut obſerver, c'eſt,

1. Que quand on n'a point de la couleur dont on joüe, on n'eſt pas obligé de mettre de triomphe ſi on ne le juge à propos.

2. Que ſoit que l'on joüe à Tout ou d'une autre couleur, on n'eſt pas obligé de mettre au-deſſus.

3. Que quand un de ceux qui défendent la Poule demande *Gano* à ſon camarade, il le doit faire s'il le peut.

On appelle faire *Gano*, laisser passer à celuy qui demande *Gano*, la Carte qu'il joüe, quoy qu'on ait au-dessus. Par exemple, un de ceux qui défendent la Poule, joue la Dame de Pique, & demande *Gano* du Roy: son camarade ne met pas le Roy, mais il faut pour cela qu'il ait un petit Pique; car si le Roy est seul, il est obligé de le mettre, à peine de faire la Bête.

4. Quand un de ceux qui défendent la Poule, en jettant sa Carte frappe sur la table, c'est un avis qu'il donne à son camarade de

couper d'une forte Triomphe pour forcer l'Hombre.

Autrefois on faisoit la Bête quand on joüoit devant son rang ; presentement cela ne se fait plus, si l'on n'en convient.

L'usage étoit encore, que quand on avoit tiré le moins du monde une Carte hors de son Jeu, l'Hombre qui l'avoit vûë la demandoit, & on étoit obligé de la joüer, si cela se pouvoit sans renoncer ; presentement il faut qu'elle soit sur le tapis pour n'avoir plus la liberté de la retirer.

Comme il est important

de ſçavoir le nombre des Triomphes qui ſont joüées & de celles qui reſtent, il eſt permis de voir les levées des autres, & de les examiner tant & ſi long-temps que l'on veut ; & cela eſt également permis, quoy qu'il n'y ait point de Triomphes joüées.

Si le Jeu ſe trouvoit faux, le coup eſt nul, ſi on s'en apperçoit en le joüant ; mais ſi on ne s'en apperçoit qu'aprés qu'il eſt joüé, il eſt bon.

Or le coup eſt cenſé joüé quand il n'y a plus de Cartes dans les mains des trois Joüeurs.

De la Bête.

La Bête se fait toutes les fois que celuy qui joüe ne gagne pas.

Il faut pour gagner, que l'Hombre fasse cinq levées.

Il peut gagner en n'en faisant que quatre, si les cinq autres sont partagées, en sorte que l'un de ceux qui défendent en fasse deux, & l'autre trois.

La Bête se fait encore quand on joüe avec plus ou moins de neuf Cartes.

Elle ſe fait quand on renonce : Or pour avoir renoncé, il ne ſuffit pas d'avoir lâché ſa Carte ſur la table ; il ne ſuffit pas même que celuy qui feroit la levée ait jetté ſa Carte pour la levée ſuivante, il faut que la levée ſoit pliée, ſans quoy l'on peut reprendre ſa Carte & obeïr.

Quand on s'apperçoit de la renonce, ſi cela fait prejudice au jeu, chacun reprend ſes Cartes, & on rejouë de nouveau, en commençant par la levée où la renonce s'eſt faite. Cependant ſi le coup étoit joüé, la Bête seroit faite, & on ne reprendroit pas ses Cartes. Si l'on renonce plusieurs fois, on fait autant de Bêtes.

Toutes les Bêtes qui se font dans le même coup, vont ensemble le coup d'aprés. Ainsi, si l'un faisoit la Bête pour avoir dix Cartes, l'autre pour avoir renoncé, & le troisiéme pour n'avoir pas fait assez de levées; ce sont trois Bêtes qui iroient ensemble le coup suivant, si l'on ne convenoit de les separer.

Quand il y a plusieurs Bêtes, aprés que la premiere

eſt tirée, la plus forte ſe tire; & ainſi des autres qui ſuivent. Celuy qui fait une Bête ſur une autre, les peut faire aller toutes les deux enſemble, ſans que les autres l'en puiſſent empêcher.

Celuy qui en prenant les Cartes du Talon en retourne quelques-unes, ſoit en les laiſſant tomber ou autrement, fait la Bête.

Remarquez que toutes les Bêtes qui ſe font en quelque maniere que ce ſoit, ſont de tout ce que l'Hombre tire quand il gagne; ainſi il eſt de la prudence des Joüeurs d'éviter de tomber dans cet inconvenient, & de suivre la maxime des sages Joüeurs, qui aprés avoir pris ce qu'ils veulent de Cartes au Talon, comptent le tout avant de les regarder, pour sçavoir s'ils n'en ont pas plus ou moins de neuf.

Remarquez encore, que les levées peuvent se partager en differentes manieres, suivant lesquelles on gagne ou on fait la Bête.

Il n'y a que deux manieres de gagner, dont nous avons déja parlé, & dont il n'y a plus rien à dire :

nous ne parlons que des manieres dont on fait la Bête.

Quand chacun fait trois levées, l'Hombre fait la Bête, & c'eſt ce qu'on appelle Remiſe par trois.

Quand l'Hombre en fait quatre, & un de ceux qui défendent quatre, l'Hombre fait encore la Bête; & c'eſt ce qu'on appelle ſimplement Remiſe, *Riſpoſte*, ou *Repueſta*.

Quand l'Hombre fait quatre levées, & que l'un des deux autres en fait cinq; & quand l'un des deux qui défendent la Poule en fait quatre, l'Hombre trois, &

le tiers deux, l'Hombre fait la Bête, & celuy qui en fait plus que luy gagne; & c'eſt-ce qu'on appelle gagner de Codille. Nous en feront un Article particulier.

Du Codille.

Le Codille eſt au Jeu de l'Hombre, ce qu'eſt le Contre au Jeu de la Bête; avec cette difference, qu'au Jeu de la Bête il faut dire Contre pour gagner, & qu'au Jeu de l'Hombre on ne le dit pas, & qu'on ne laiſſe pas de gagner quand on fait cinq levées, ou que l'on en fait quatre, & que les cinq autres sont partagées, en sorte que l'un en fasse deux, & l'autre trois.

Celuy qui aspire au Codille, doit être de bonne foy, & ne pas demander *Gano* quand il peut faire quatre levées sans cela; mais comme il n'y a point de peine contre celuy qui le demande, bien des gens ne sont pas trop scrupuleux là-dessus: ce que l'on peut faire, c'est d'être sur ses gardes contre ces gens-là pour le reste de la reprise, & ne plus joüer avec eux une autre fois.

Celui qui gagne Codille, tire ce que l'Hombre auroit tiré s'il avoit gagné.

Si l'Hombre demande *Gano* pour empêcher le Codille, il fait la Bête, & cela n'est nullement permis.

Il y a des gens, qui aprés avoir vû leur rentrée, qui n'est pas favorable, demandent à s'en aller, ou à faire la Bête pour nuire au Codille: cela est si fort eloigné de l'esprit du Jeu de l'Hombre, qu'il n'y a point de loy sur cet article; aussi cela n'est-il en usage que parmi des gens qui ne se piquent pas des bonnes manieres.

Il n'eſt donc pas permis, en quelque maniere que ce ſoit, de nuire au Codille, ſi ce n'eſt en joüant ſagement, & en ne faiſant pas *Gano*, ſi l'on croit qu'il le demande mal-à-propos.

Il faut encore ſe ſouvenir qu'il vaut mieux riſquer de donner Codille, que de faire gagner l'Hombre.

Lorſque celuy qui aſpire au Codille demande *Gano* à ſa quatriéme levée, & qu'il en a une ſûre dans la main, il ne devroit pas tirer la Poule; & j'ay vû bien des gens la laiſſer. Cependant, comme me on a dit ci-dessus, il n'y a point de loy pour cela, & cela dépend de l'honnêteté & de la bonne foy des Joüeurs.

De la maniere de marquer le Jeu.

Il faut se souvenir que chaque Jetton qui marque le Jeu en vaut trois.

Il faut encore sçavoir que quand les Joüeurs marquent diversement, l'un plus & l'autre moins, on paye suivant celuy qui marque le plus, & l'on fait la Bête de même.

Cela supposé, on commence à marquer le Jeu comme nous avons dit ci-dessus, en mettant chacun deux Jettons devant soy, comme vous voyez.

OO

Si l'on passe & qu'aucun des trois n'ait Jeu a joüer, on met encore chacun un Jetton devant soy en cette maniere.

OOO

Et toutes les fois que l'on passe on en ajoûte un.

Quand la Poule est tirée on recommence, en

remettant chacun deux Jettons devant ſoy : maïs quand il y a pluſieurs Bêtes, aprés avoir tiré la premiere, on ne met au Jeu que chacun un Jetton, & cela tant qu'il reſte des Bêtes à tirer.

Si l'on gagne Codille, quoy qu'il y ait encore des Bêres, chacun met deux Jettons devant ſoy, & cela ne ſe pratique qu'à celles qui ſe gagnent de Codille ; & s'il y en avoit d'autres à tirer aprés, on ne les marqueroit qu'avec un Jetton.

La Bête ſe marque avec un Jetton au-deſſous ; par

exemple, le Jeu eſt marqué comme dans la Figure ci-deſſous.

OOOO

Si l'Hombre perd, la Bête ſera de trente-ſix, parce qu'il y en a quatre devant chacun, qui font douze, puis que chaque Jetton en vaut trois. Or douze Jettons devant chacun des trois Joüeurs font trente-ſix : la Bête ſe marque comme on voit dans la Figure ſuivante.

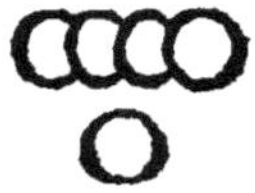

OOOO
O

Et autant de fois que

l'on paſſe on marque ſur le Jetton du deſſous.

Celuy qui fait la ſeconde Bête la fait du total, c'eſt-à-dire de quatre-vingt-dix; car il y a ſix Jettons devant chacun, qui font trois fois dix-huit, qui valent cinquante-quatre, & les trente-ſix de la premiere Bête, qui font en tout quatre-vingt-dix; cette ſeconde Bête ſe marque ainſi.

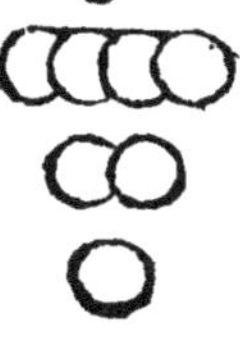

Celuy qui en fait une troisiéme, ne la fait plus forte que la seconde que des Jettons qui sont au-dessous de la seconde Bête, & elle se marque en mettant encore au-dessous, & cela autant que l'on fait de Bêtes : Mais pour obvier à cette difficulté de compter les Bêtes, qui embarrassent bien des gens, on se sert de marques d'ivoire, où les Bêtes sont chiffrées, que l'on met devant ceux qui les ont faites.

De la Vole.

La Vole ſe fait quand on fait toutes les levées.

L'avantage de celuy qui fait la Vole, eſt de tirer toutes les Bêtes qui ſont au Jeu ; mais quand il n'y a point de Bêtes, ou qu'il n'y en a qu'une, il gagne le double de ce qu'il auroit gagné. Si, par exemple, il y a quatre Jettons devant chacun & une Bête de dix-huit, ce ſont cinquante-quatre qu'il y a à la Poule ; ſçavoir trente-ſix aux Tours, & dix-huit de la Bête : les deux autres, outre la Poule qu'il tire, luy doivent encore vingt-ſept Jettons. Il en eſt de même quand il y en a plus ou moins; mais s'il y a deux Bêtes il les tire, & on ne luy doit rien davantage. Mais ſi pluſieurs Bêtes alloient enſemble, parce qu'elles auroient été faites le même coup, ou parce que celuy qui auroit fait le dernier les auro t miſes enſemble, on paye le double, comme s'il n'y en avoit qu'une.

La Vole n'eſt pas aiſée à faire, & il ne faut pas l'entreprendre

treprendre qu'à bon titre, parce qùe quand on l'a une fois entreprise il n'est plus tems de s'en dédire.

Or la Vole est entreprise, quand aprés avoir fait les cinq premieres levées, l'Hombre jouë seulement une Carte ; auquel cas les deux autres peuvent se montrer leur Jeu & convenir de ce qu'ils garderont pour l'empêcher. Si celuy qui entreprend la Vole ne la fait pas, les deux autres partagent entre eux tout ce qui est au Jeu, c'est-à-dire les Tours

& les Bêtes ; mais l'Hombre ne donne rien : au contraire, s'il a joüé ſans prendre, ou s'il a des Matadors, il ſe les fait payer, quoy qu'il ne tire rien du Jeu.

De la durée du Jeu.

Comme ce Jeu demande l'application, on y met des bornes, & on convient du nombre des Poules que l'on veut joüer ; & cela ſe regle ordinairement à vingt, trente ou quarante au plus.

Quand on eſt convenu du nombre, à meſure que

l'on gagne les Poules, on tire un Jetton, que l'on met à part : & ces Jettons assemblez qui marquent la durée du Jeu, servent aussi à payer les Cartes ; cependant, on ne marque point lorsqu'on gagne Codille.

Quand les coups sont achevez, on peut joüer les Tours ou jusqu'à la premiere Bête ; mais il n'y a nulle obligation si on ne l'a dit, & on n'a point lieu de se plaindre d'un Joüeur qui ne le veut pas.

Si l'un des deux, par chagrin ou autrement, vouloit quitter le Jeu avant que la repriſe fut achevée, il doit payer non ſeulement ce qu'il perd, mais ce que les autres perdent, & même les Cartes.

Ce que je dis s'entend quand on jouë avec d'honnêtes gens ; car ſi l'on ſe trouvoit entre deux fripons, ce ſeroit autre choſe.

Des differens Jeux qui ſe peuvent joüer.

Rien n'embarraſſe plus ceux qui commencent à joüer à l'Hombre, que de ſçavoir quand ils ont Jeu à joüer, ou quand ils doivent paſſer ; & c'eſt pour lever en quelque façon cette difficulté, que l'on a aſſemblé ici les plus petits Jeux qui ſe peuvent joüer, afin que l'on ſçache à quoy s'en tenir.

La regle generale, eſt qu'il faut avoir en ſa main trois levées ſûres en Triomphes pour entreprendre de joüer ; car c'eſt tout ce que l'on peut eſperer en quatre ou cinq Cartes que l'on prend, de tirer de quoy faire deux levées. Or il n'en faut pas moins, puis que, comme nous avons dit, il faut presque toûjours cinq levées pour gagner.

Cependant, comme on espere de partager les levées, & d'en faire faire deux à l'un & trois à l'autre, on jouë quelquefois plus hardiment.

Voilà donc un détail des Jeux les plus petits qui se peuvent raisonnablement joüer. Nous commencerons par les couleurs noires, c'est-à-dire Pique ou Trefle : mais auparavant il est bon d'avertir qu'on jouë en toute couleur avec les trois Matadors , c'eſt pourquoy nous n'en dirons rien.

Jeux en noir qui ſe joüent.

Premierement, Manille, Baſte, Roy, & une autre.

Manille, le Deux.	Baſte, As de Treſſe.	Roy.	

2. Eſpadille, Baſte, Roy, & une autre.

Eſpadille, As de Pique.	Baſte, As de Treſſe.	Roy.	

3. Eſpadille, Manille, Roy, & une autre.

Eſpadille, As de Pique.	Manille, le Deux.	Roy.	

4. Eſpadille, Manille, & deux autres.

Eſpadille, As de Pique.	Manille, le Deux.		

5. Eſpadille, Baſte, la Dame, & le Sept.

Eſpadille, As de Pique.	Baſte, As de Treſle.	Dame.	Sept.

6. Manille, Baſte, Dame, & deux autres.

Manille, le Deux,	Baſte, As de Treſle.	Dame.		

7. Eſpadille, Roy, Dame, Valet, & Sept.

Eſpadille, As de Pique,	Roy	Dame.	Valet.	Sept.

8. Manille, Roy, Dame, Valet, & Sept.

Manille, le Deux.	Roy.	Dame.	Valet.	Sept.

9. Baſte, Roy, Dame, Valet, & Sept.

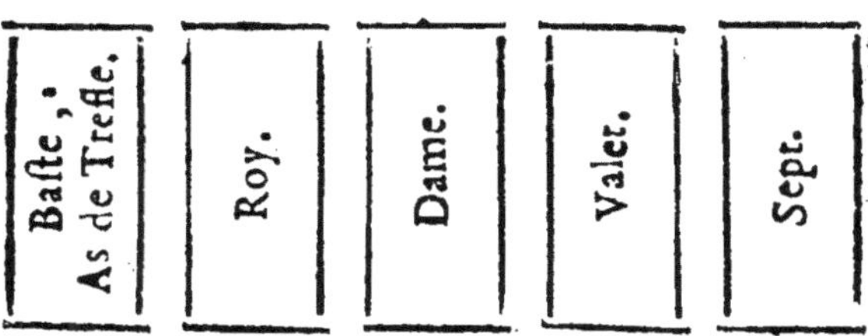

10. Manille, Baſte, Sept, Six, Cinq, & Quatre.

Manille, le Deux. | Baſte, As de Treſſe. | Sept. | Six.

Cinq. | Quatre.

11. Roy, Dame, Valet, Sept, Six, & Cinq.

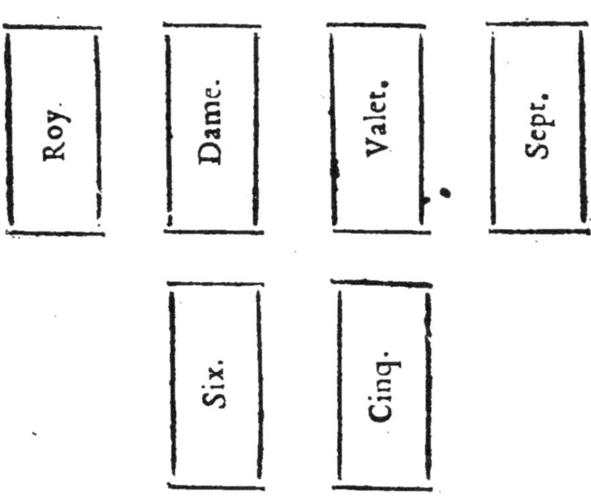

12. Eſpadille, Roy, Cinq, Quatre, Trois.

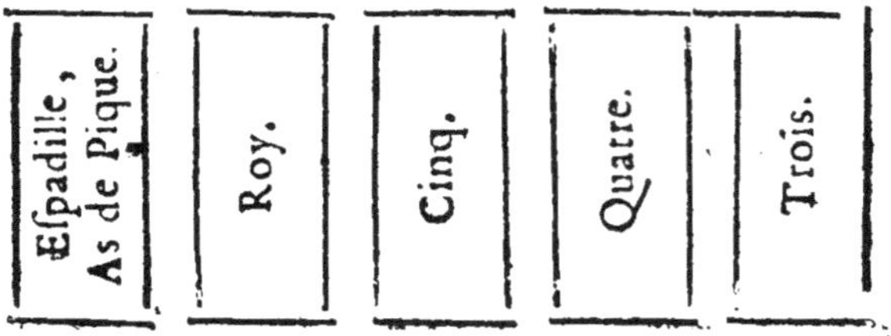

Eſpadille, As de Pique. | Roy. | Cinq. | Quatre. | Trois.

Il y en a une infinité d'autres dont il n'eſt pas poſſible de faire le détail.

Remarquez, 1°. Qu'il faut que les Cartes ſoient toutes de la même couleur, à la reſerve des As noirs, qui ſont toûjours Triomphes.

Remarquez, 2°. Qu'un Roy d'une autre couleur peut tenir lieu d'une Triomphe, pourvû que ce ne ſoit pas des principales.

Remarquez, 3°. Que dans les places où la Carte n'eſt pas marquée, c'eſt-à-dire qu'il eſt indifferent qu'elle le ſoit, pourvû qu'elle ſoit de la couleur où l'on veut joüer. Paſſons aux couleurs rouges.

Jeux qui ſe joüent en rouge.

1. Eſpadille, Manille, Ponte, & une autre.

Eſpadille, As de Pique.	Manille, le Sept.	Ponte, As de la couleur	

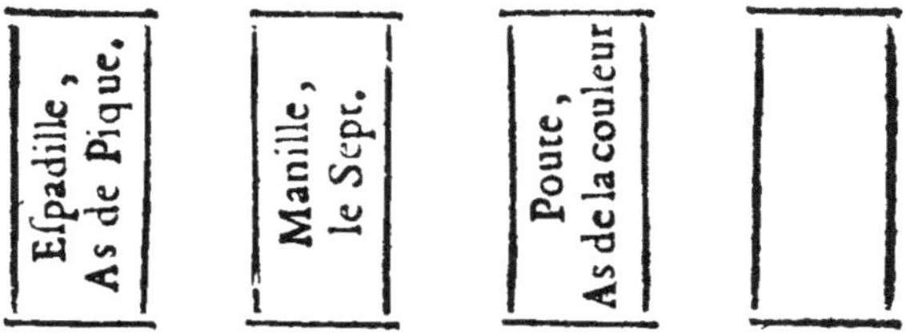

2. Baſte, Manille, Ponte, & une autre.

Baſte, As de Treſle.	Manille, le Sept.	Ponte, As de la couleur	

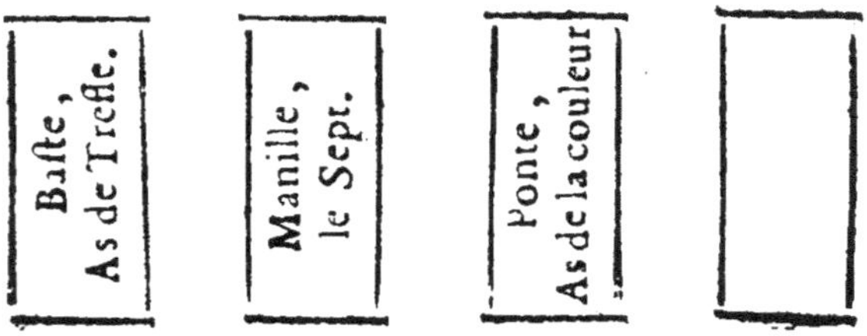

3. Eſpadille, Baſte, Ponte, & une autre.

Eſpadille, As de Pique.	Baſte, As de Treſle.	Ponte, As de la couleur	

4. Eſpadille, Manille, Roy, & Dame.

Eſpadille. As de Pique.	Manille, le Sept.	Roy.	Dame.

5. Eſpadille, Manille, Valet, le Trois, & un Roy.

Eſpadille, As de Pique.	Manille, le Sept.	Valet.	Trois.	

6. Eſpadille, Baſte, Roy, Dame, & Valet.

Eſpadille, As de Pique.	Baſte, As de Treſle.	Roy.	Dame.	Valet.

7. Baſte, Ponte, Roy, Dame, & Valet.

Baſte, As de Treſle	Ponte, Asde la couleur	Roy.	Dame.	Valet.

9. Manille, Ponte, Roy, Dame, & Valet.

Manile, le Sept.	Ponte, As de la couleur	Roy.	Dame.	Valet.

9. Manille, Baſte, Roy, Dame, & une autre.

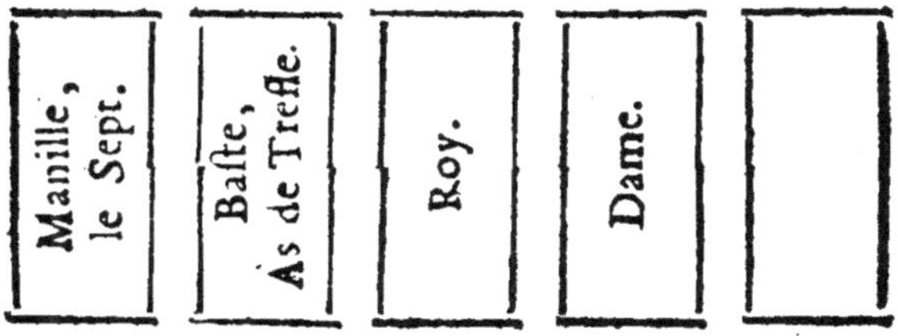

Manille, le Sept.	Baſte, As de Treſle.	Roy.	Dame.	

10. Manille, Baſte, Valet, Deux, Trois, & Quatre.

Manille, le Sept.	Baſte, As de Treſle.	Valet.	Deux.
	Trois.	Quatre.	

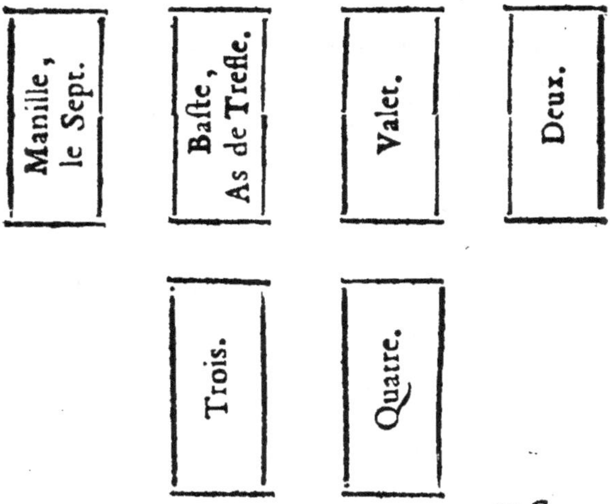

11. Eſpa-

11. Eſpadille, Ponte, Roy, une autre, & un Roy.

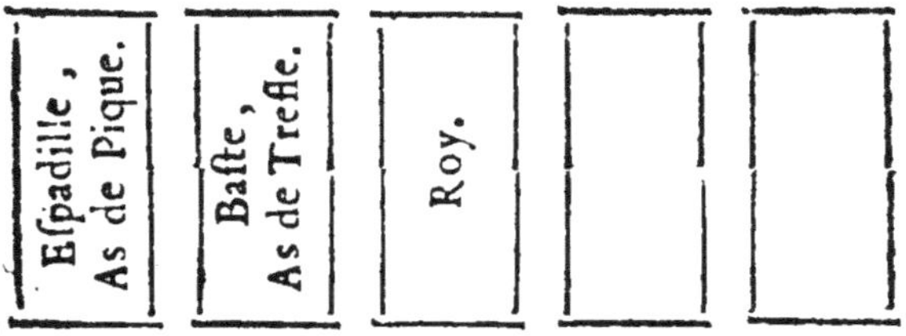

Eſpadille, As de Pique.	Baſte, As de Treſle.	Roy.		

Remarquez, 1°. Que ce que nous avons dit des Jeux qui ſe joüent en noir, ſe doit entendre à proportion de ceux qui ſe joüent en rouge.

Remarquez en ſecond lieu, que comme il y a plus de Triomphes en rouge qu'en noir, il faut plus beau Jeu pour y pouvoir gagner.

Remarquez en troisiéme lieu, que les Jeux que nous avons ci-devant marquez, sont les plus petits qui se joüent, & qu'il y en a une infinité d'autres plus beaux dont nous n'avons pas crû devoir parler.

Remarquez encore, qu'il faut un Jeu plus fort quand on est en cheville, c'est-à-dire quand on n'est ni premier ni dernier ; la raison est, que l'on fait des retours qui embarrassent, & qui sont cause qu'on est presque toûjours surcoupé.

Aprés avoir donné un détail des Jeux qui se joüent en écartant, il faut parler de ceux qui se joüent sans prendre ; & c'est ce que l'on va voir dans les Tables suivantes.

Jeux en noir, qui se joüent sans prendre.

1. Espadille, Manille, Baste, Roy, & une autre, avec une Renonce, qui sont quatre Matadors cinquiéme.

Espadille, As de Pique.	Manille, le Deux.	Baste, As de Trefle	Roy.	

2. Eſpadille, Manille, Dame, Valet, deux Rois, avec Renonce.

Eſpadille. As de Pique.	Manille, le Deux.	Dame.	Valet.	Deux Rois.

3. Eſpadille, Manille, Baſte, Roy, deux Rois, quatre Matadors cinquiéme.

Eſpadille, As de Pique.	Manille, le Deux.	Baſte, As de Treſle.	Roy.	Deux Rois.

4. Eſpadille , Manille , Baſte , trois autres , avec Renonce , trois Matadors ſixiéme.

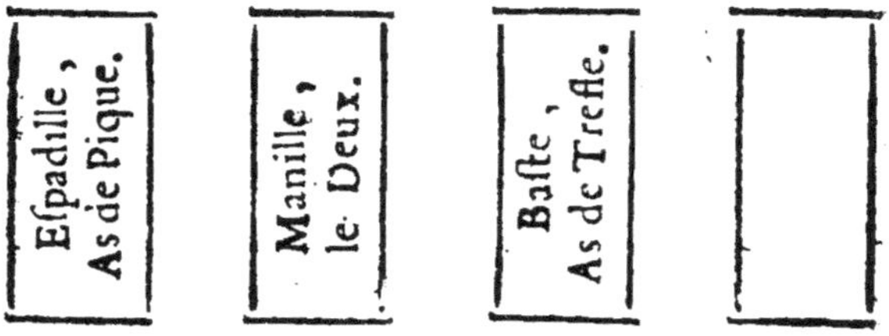

Eſpadille , As de Pique.	Manille , le Deux.	Baſte , As de Trefle.	

5. Baſte, Manille, Dame, Valet, deux autres, un Roy.

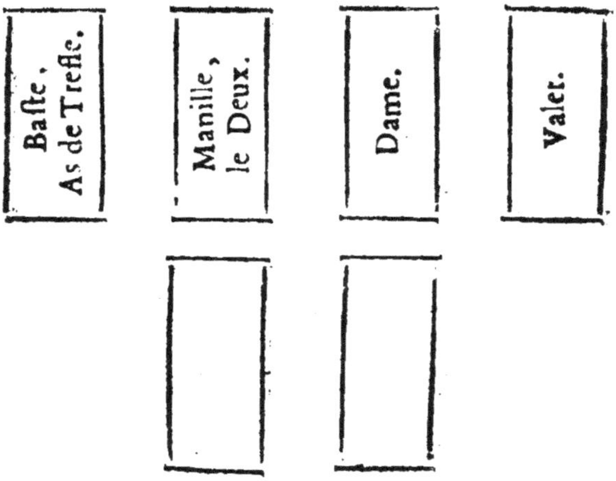

Baſte , As de Trefle.	Manille , le Deux.	Dame.	Valet.

6. Manille, Baste, Roy, trois autres, une Renonce.

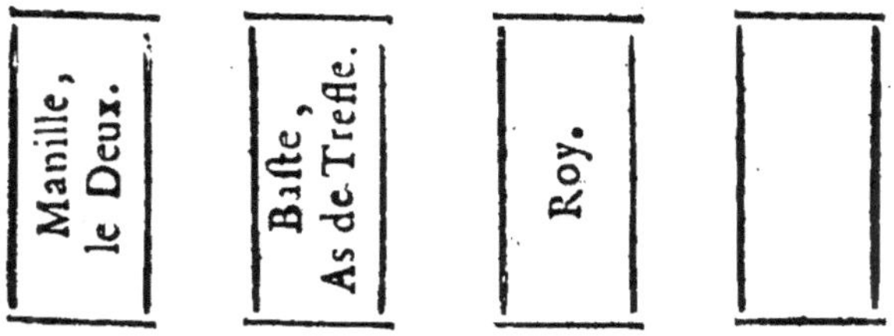

Manille, le Deux.	Baste, As de Trefle.	Roy.	

7. Baste, Roy, Dame, Valet, Sept, Six, un Roy.

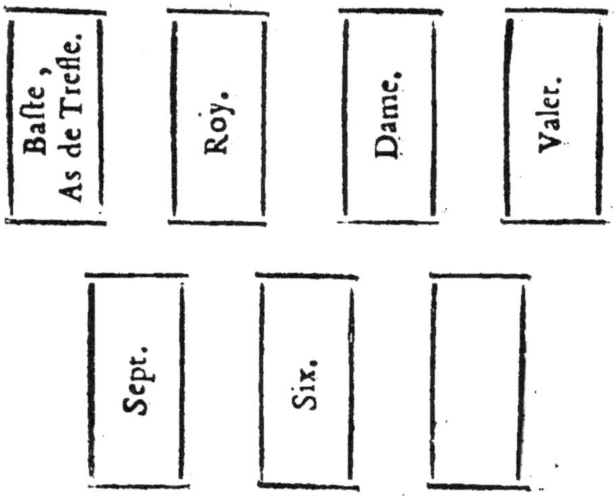

Baste, As de Trefle.	Roy.	Dame.	Valet.
Sept.	Six.		

8. Roy, Dame, Valet, Sept, Six, Cinq, Quatre, un Roy.

Roy.	Dame.	Valet.	Sept.
Six.	Cinq.	Quatre.	

9. Eſpadille, Roy Dame, Sept, Six, Quatre, un Roy.

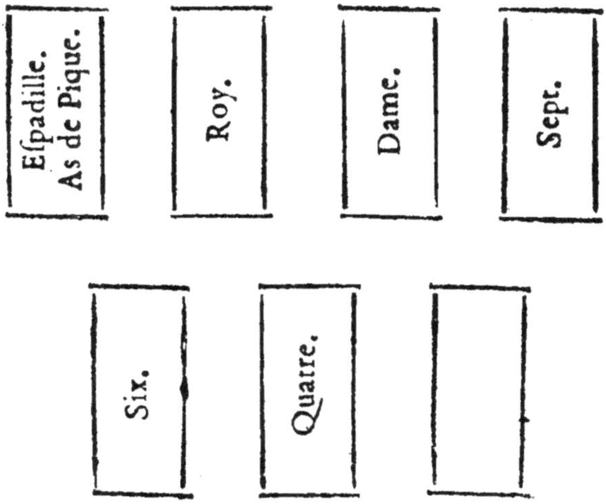

Eſpadille. As de Pique.	Roy.	Dame.	Sept.
Six.	Quatre.		

10. Manille,

10. Manille, Roy, Dame, Valet, Sept, Quatre, un Roy, & Renonce.

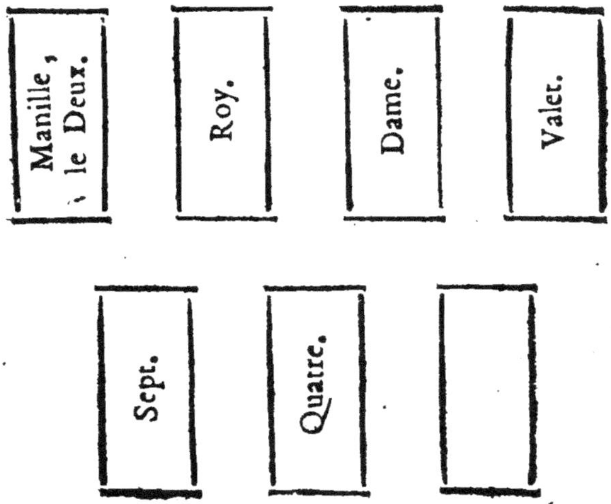

Manille, le Deux.	Roy.	Dame.	Valet.
Sept.	Quatre.		

Jeux en rouge, qui se joüent sans prendre.

1. Espadille, Manille, Baste, trois autres, un Roy.

Espadille, As de Pique.	Manille, le Deux.	Baste, As de Trefle.		

2. Espadille, Manille, Baste, Roy, une autre, & un Roy.

Espadille. As de Pique.	Manille, le Sept.	Baste, As de Trefle.	Roy.	

3. Eſpadille, Manille, Ponte, deux autres, un Roy, Dame gardée.

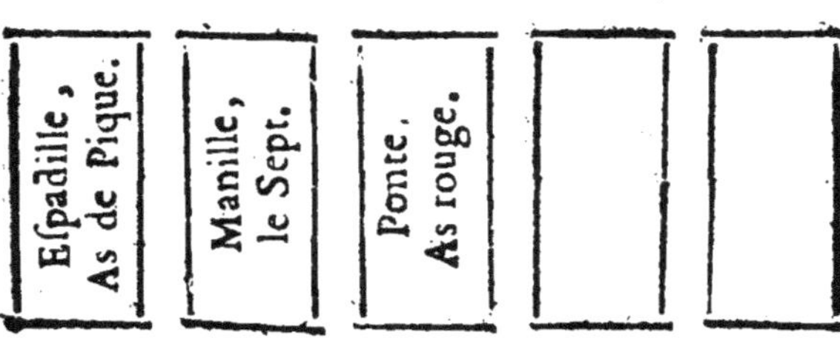

4. Manille, Baſte, Dame, Valet, deux autres, un Roy, Dame gardée.

Manille, le Sept.	Baſte, As de Treſſe.	Dame.	Valet.	

5. Baſte, Ponte, Roy, trois autres, un Roy, Dame gardée.

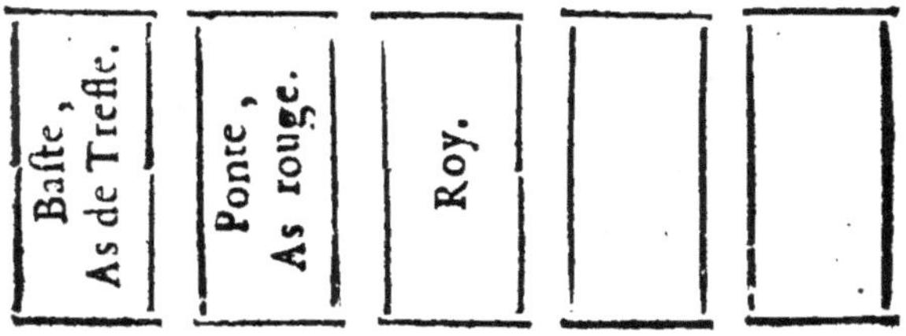

Baſte, As de Trefle.	Ponte, As rouge.	Roy.		

6. Ponte, Roy, Dame, Valet, Deux, Trois, Six, un Roy.

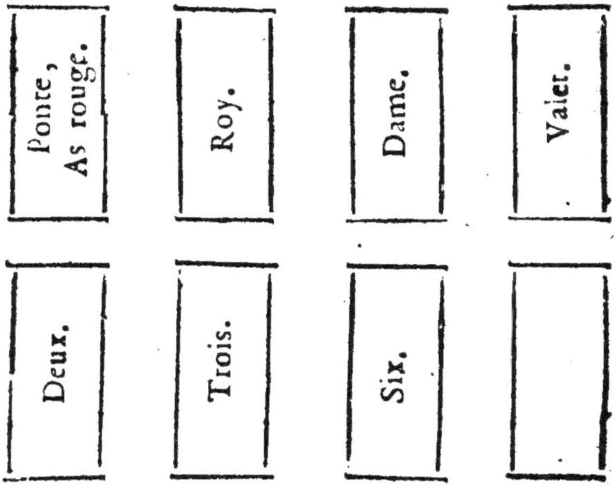

Ponte, As rouge.	Roy.	Dame.	Valet.
Deux.	Trois.	Six.	

7 Manille, Baste, Ponte, trois autres, un Roy, une Renonce.

Manille, le Sept.	Baste, As de Trefle.	Ponte, As rouge.		

8. Espadille, Ponte, Roy, Dame, deux autres, un Roy, Valet gardé.

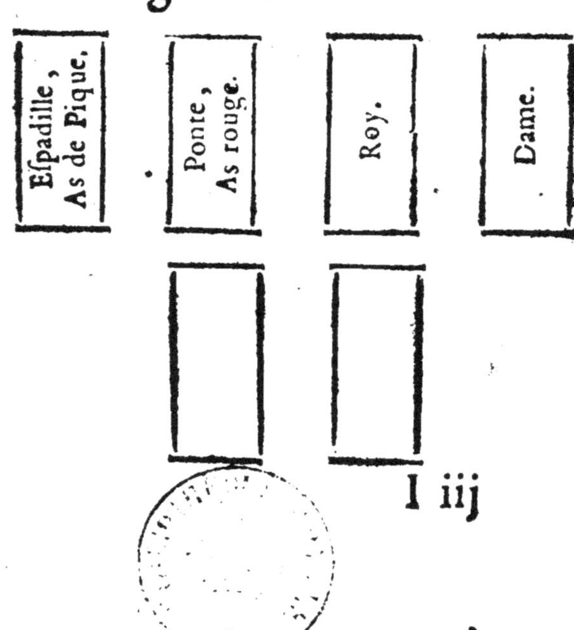

Les bons Joüeurs le joüent encore sans prendre à bien plus petit Jeu ; sur - tout, lorsqu'ils sont premiers ou derniers.

Voilà toutes les regles du Jeu de l'Hombre.

Reste à parler des differentes manieres dont on le joüë.

Observez seulement ; que les loix dont nous venons de parler sont communes, & que les Jeux de l'Hombre dont nous allons parler, ne different que dans quelques loix particulieres, qui sont propres à chacun. Commençons par l'Espadille forcé.

De l'Espadille forcé.

L'Espadille forcé est une maniere de joüer à l'Hombre, assez divertissante quand on joue pour le plaisir, parce qu'il y a presque toûjours des Bêtes au Jeu, & qu'on gagne souvent Codille quand on y pense le moins : Mais quand on joue par interest ce n'est plus la même chose, parce que le Jeu de l'Hombre, qui est tout spirituel de luy-même, degenere presque en Jeu de hazard; & que la conduite ne ſert de rien à un Joüeur qui ſe voit ſouvent Eſpadille fort mal accompagné.

Il ſe jouë en tout comme le veritable Jeu de l'Hombre dont nous venons de parler : chacun parle à ſon rang ; & ſi perſonne ne jouë, celuy qui a Eſpadille eſt obligé de le joüer, quelque foible que ſoit ſon Jeu ; ainſi ſi tout le monde paſſe, celuy qui a Eſpadille doit faire ſon écart & nommer ſa couleur.

Celuy qui a l'Eſpadille en main avec mauvais Jeu

peut paſſer, pour voir ſi quelqu'un des deux autres ne luy fera pas le plaiſir de le tirer de la peine où il ſe trouve.

Quand perſonne n'accuſe qu'il a l'Eſpadille, on regarde dans le Talon s'il y eſt ; s'il ne s'y trouve pas, celuy qui l'a dans ſa main fait la Bête, & on ne jouë pas le coup, parce qu'ayant vû le Talon, il ſeroit aiſé d'en tirer avantage.

De l'Hombre à deux.

On appelle l'Hombre à

deux, parce qu'on n'y jouë que deux.

C'eſt un tres-mauvais Jeu & qui eſt peu divertiſſant ; mais on ne laiſſe pas de le joüer quelquefois, faute d'un troiſiéme, quand on n'a rien de mieux à faire. Il peut ſervir à apprendre à écarter & joüer les Cartes à ceux qui commencent à apprendre l'Hombre.

Il ſe jouë comme l'autre, à peu de choſes prés.

Pour le joüer il faut ôter une couleur rouge ; de ſorte que le Jeu n'eſt que de trente Cartes : il eſt indifferent que ce ſoit le Cœur ou le Carreau que l'on ôte.

On ne donne que huit Cartes chacun, trois, trois & deux ; en ſorte qu'il en reſte quatorze au Talon, dont chacun prend ce qui luy convient.

Pour gagner il faut faire cinq levées : quand chacun en fait quatre, la Bête eſt remiſe : ſi celuy qui défend en fait cinq, il gagne Codille.

De l'Hombre à cinq.

L'Hombre à cinq eſt fort divertiſſant quand on

le jouë comme il faut : il eſt differend de l'Hombre à trois en bien des choſes & donne plus de plaiſir, parce qu'il faut moins d'application. Voici donc quelles en ſont les regles.

Premierement, on ne donne point de Fiches; on donne ſeulement vingt ou trente Jettons, que l'on fait valoir ce que l'on veut; cinq, dix, quinze ou vingt ſols la piéce, plus ou moins, ſelon que l'on en convient.

Cela étant, & les places tirées, on regarde à qui donnera les Cartes : on met chacun un Jetton devant ſoy, & l'on donne à chacun huit Cartes ; en ſorte qu'il ne reſte rien pour le Talon, auſſi on n'écarte pas.

Les Cartes étant données, chacun parle à ſon rang, en commençant par le premier en Carte.

Pour gagner il faut faire cinq levées.

Si l'un des Joüeurs a aſſez de jeu pour joüer ſans prendre, il nomme ſa couleur, aprés que ceux qui ſont devant luy ont parlé.

Pour gagner il faut qu'il faſſe ſeul cinq levées ; car

celles qui se font par les quatre autres se réünissent ensemble.

S'il gagne sans prendre, c'est-à-dire en joüant seul & sans secours, chacun luy donne deux Jettons pour le Sans-prendre. S'il a trois Matadors, on luy en donne encore deux pour les Matadors ; & quand il en auroit quatre, cinq, six ou huit même, on ne paye pas pour cela plus de deux Jettons.

S'il fait la Vole, il tire tout ce qui est au Jeu, & chacun en donne deux pour la Vole, & cela quand il y auroit plusieurs Bêtes au Jeu.

Nous avons dit que chacun met un Jetton devant soy : ce sont cinq Jettons qui se tirent à deux fois ; la premiere fois on en tire deux, & la seconde trois : ainsi celuy qui jouëroit d'abord sans prendre, comme nous venons de dire, outre le droit du Sans-prendre, tireroit deux Jettons seulement du Jeu, & il en resteroit trois pour le coup suivant.

Supposant donc ce premier coup joüé & gagné, & les Cartes données pour

le ſuivant , celuy des Joüeurs, hors le dernier en carte, qui a du Jeu, demande ſi l'on joüe ; on luy répond que non : Il nomme la couleur qu'il luy plaît, & appelle un Roy à ſon ſecours, autre que le Roy de la couleur où il joüe. Celuy qui a le Roy que l'on appelle, aide celuy qui joüe ; & s'ils font enſemble cinq levées ils ont gagné : Celuy qui a joüé tire deux Jettons, & le Roy appellé en tire un : cela s'entend quand le nombre des Jettons à tirer eſt impair ; car au-
tremen

trement ils partagent également.

S'ils ne font que quatre levées, la Bête est remise, & celuy qui a joüé met deux Jettons, & le Roy appellé un.

S'ils n'en font que trois ils perdent Codille ; auquel cas les trois qui défendent tirent chacun un Jetton.

J'ay dit, hors le dernier en Carte, parce que quand les quatre premiers ont passé, le dernier en Carte est obligé de joüer, quelque mauvais Jeu qu'il ait, & appelle un Roy à ſon ſecours.

Remarquez que quand le nombre des Jettons qui ſont à tirer quand on a gagné Codille, eſt, par exemple, de quatre ou de cinq, aprés que chacun en a tiré un, s'il n'en reſte qu'un, il eſt pour celuy qui avoit la plus forte Triomphe; & s'il en reſte deux, celuy qui a la Triomphe plus forte des deux autres eſt celuy qui le tire.

Quand j'ay dit que celuy qui a joüé tire deux Jettons & le Roy appellé un, cela s'entend du ſecond coup ; car, comme nous avons dit, on n'en tire que deux le premier.

Si la Bête étoit gagnée Codille le premier coup, les trois qui défendent en tireroient chacun un, & les autres ne feroient la Bête que de deux ; en ſorte qu'il en reſteroit deux du Jeu & deux de la Bête, qui iroient enſemble le coup ſuivant.

Quand celuy qui jouë avec le Roy appellé fait la Vole, les trois qui défendent en doivent chacun deux à celuy qui a joüé ; & pour lors ſi le nombre des Jettons à tirer eſt impair, c'eſt le Roy appellé qui en profite.

S'il y a davantage de Jettons à partager, à cauſe des Bêtes qui auroient été faites, ils les partagent également ; & ſi le nombre eſt impair, celuy qui reſte eſt toûjours à celuy qui a joüé, hors le cas de la Vole.

La Vole ſe peut entreprendre ſans craindre d'encourir aucune peine quand on ne la fait pas.

La Bête ſe fait d'autant de Jettons que l'on en auroit tiré si l'on avoit gagné.

Les Matadors ne se payent pas, à moins qu'ils ne soient tous trois dans la même main : S'ils sont dans la main de celuy qui joüe, c'est à luy à qui on les paye, & le Roy appellé n'y a point de part.

Si au contraire ils se trouvent dans la main du Roy appellé, c'est à luy à qui on les paye : s'ils perdent, celuy qui les a les paye aux autres, hors à celuy qui a perdu avec luy ; ce qui se doit aussi entendre quand ils gagnent ensemble.

Il y a plus de plaisir à ne pas declarer le Roy, parce que l'Hombre ne sçait à quoy s'en tenir, & favorise souvent les autres en pensant favoriser son Roy ; & son erreur qui ne se découvre quelquefois qu'à la fin du coup, donne beaucoup de plaisir.

Celuy qui a le Roy appellé, pour favoriser son Joüeur quand il n'est pas forcé, c'est à-dire quand il n'est pas dernier en Carte, joüe ordinairement à Tout, parce que les Triomphes étant partagées en cinq, il s'en trouve peu dans chaque main ; & celuy qui jouë ayant apparemment les plus fortes; il les tire toutes en joüant encore une autre fois à Tout.

Celuy qui renonce fait la Bête.

Si les Cartes sont mal données on rebat, & il n'y a point de peines.

Voilà à peu prés quelles sont les loix de l'Hombre à cinq : S'il se rencontroit quelque difficulté, il faut suivre les loix de l'Hombre à trois.

FIN.

TABLE

DES TERMES qui sont particuliers au Jeu de l'Hombre ; & leur explication, par ordre alphabetique.

A.

ALLER *au fond* :

C'EST prendre beaucoup de Cartes du Talon, & n'en pas laisser cinq à celuy qui écarte aprés

B.

BASTE. :

C'est l'As de Trefle, qui est toûjours

toûjours la troisiéme Triomphe, en quelque couleur que l'on jouë.

Marquer la BESTE:

C'est marquer au-dessous de ce qui étoit au Jeu quand la Bête a esté faite.

C.

CENT:

Ce sont vingt Jettons, ou une Fiche.

Grand CENT:

Ce sont cent Jettons, ou cinq Fiches.

Estre en CHEVILLE:

C'est n'être ni premier, ni dernier en Carte.

CODILLE:

C'eſt lorſque la Poule eſt gagnée par un de ceux qui ne joüent pas.

Nommer ſa COULEUR:

C'eſt dire que l'on joüe en Trefle, Pique, Cœur ou Carreau ; auquel cas la Couleur nommée eſt la Triomphe.

D.

Eſtre à DEUX:

C'eſt lorſque les deux qui défendent la Poule ont fait deux levées chacun.

E.

ECART:

Ce ſont les Cartes que l'on

a écartées & qui ſe mettent à la droite de celuy qui a fait.

ESPADILLE:

C'eſt l'As de Pique, qui eſt toûjours la premiere Triomphe, en quelque couleur que l'on jouë.

ESPADILLE *forcé*:

C'eſt lorſque l'on convient que celuy qui aura Eſpadille joüera d'obligation, ſi les autres ne joüent pas.

F.

FORCER *l'Hombre*:

C'eſt mettre une forte Triomphe, pour l'obliger d'en mettre une plus forte.

G.

GANO:

C'eſt-à-dire, laiſſez paſſer, ou ne mettez pas au-deſſus de moy ; ou, à moy.

H.

HOMBRE:

C'eſt le nom du Jeu ; & c'eſt comme qui diroit le Jeu de l'Homme.

HOMBRE:

C'eſt celuy qui fait joüer.

M.

MANILLE:

C'eſt ou le Deux noir, ou le Sept rouge de la couleur dont

on jouë, & eſt alors la ſeconde Triomphe.

MARQUER *le Jeu* :

C'eſt mettre devant ſoy le nombre de Jettons qu'il en faut.

MATADORS :

Ils ſont trois, & ſont Eſpadille, Manille & Baſte ; ce ſont les trois premieres Triomphes.

MATADORS *ſimples* :

C'eſt lorſqu'on ne paye qu'un Jetton pour chaque Matador.

MATADORS *doubles* :

C'eſt quand on paye deux Jettons pour chaque Matador.

MIL:

Ce ſont vingt Jettons & les neuf Fiches que l'on donne en commençant.

P.

PONTE:

C'eſt l'As de Carreau quand on jouë en Carreau, ou l'As de Cœur quand on jouë en Cœur.

Joüer ſans PRENDRE:

C'eſt joüer ſans écarter.

SANS-PRENDRE *ſimple*:

C'eſt quand on ne donne que ſix Jettons à celuy qui a joüé ſans écarter.

SANS-PRENDRE *double:*

C'eſt lorſqu'on donne douze Jettons à celuy qui a joüé ſans écarter.

R.

REMISE:

C'eſt lorſque la Bête eſt faite & n'eſt pas gagnée Codille.

REMISE *par trois:*

C'eſt lorſque chacun fait trois levées.

RENONCER:

C'eſt ne pas obeïr à la couleur quand on en a.

Se faire des RENONCES:

C'eſt écarter pluſieurs Cartes des mêmes couleurs, pour

en couper le Roy.

RENTRE'E:

Ce ſont les Cartes que l'on prend dans le Talon.

REPUESTA, RIPOSTE:

C'eſt la même choſe que Remiſe.

T:

TALON:

Ce ſont les Cartes qui reſtent aprés que l'on en a donné à chacun neuf.

Se rendre TENACE:

C'eſt attendre avec deux Triomphes, que l'on fait neceſſairement quand celuy qui a les deux autres eſt obligé de joüer, comme ſont les deux As noirs à l'égard de la Manille & du Ponte.

Les TOURS:

Ce ſont les Poules que l'on convient de joüer.

Fin de la Table des Termes du Jeu de l'Hombre.

TABLE

OU SONT RASSEMBLE'ES les Loix du Jeu de l'Hombre.

Le chifre marque la page du Livre, où il en est traité plus au long, pour plus grand éclaircissement des difficultez qui pourroient survenir en joüant.

SI l'Hombre oublie à nommer sa couleur, l'un des deux autres peut nommer pour luy, *page* 20
Si les deux nomment ensemble differentes couleurs, on joüe

en celle qui a été nommée par celuy qui eſt à la droite de l'Hombre, 20

L'Hombre qui a oublié à nommer ſa couleur, ou qui s'eſt mépris en la nommant, peut refaire ſon écart, ſi ſa rentrée n'eſt pas confonduë avec ſon Jeu, 20, 21 & 22

L'Hombre doit nommer formellement la couleur en laquelle il jouë, 21

Quoy que l'Hombre ait vû ſa rentrée, ſa couleur eſt bien nommé s'il previent les deux autres, 22

Un Matador ne ſçauroit être forcé par une Triomphe inferieure, 24

Le Matador ſuperieur force l'inferieur, 25

Il n'y a que les trois Matadors, qui ſont Eſpadille, Ma-

nille & Baſte, qui ne peuvent être forcez, 28
Le Matador ſuperieur ne force l'inferieur, que quand il eſt joüé par celuy qui a joüé le premier aprés la derniere levée, 26
Les Matadors ne ſe payent que quand ils ſont dans la main de l'Hombre, 27
Les Matadors & le Sans-prendre ne ſe peuvent plus demander, quand on a coupé pour le coup ſuivant, 41 & 42
La Bête ne ſe preſcrit point ; & on la doit payer à celuy qui l'a gagnée, quoy qu'il y ait pluſieurs coups joüez depuis, *là-même.*
Il n'eſt pas permis de donner les Cartes autrement que trois à trois, 33
Si en donnant les Cartes il ſe

trouve un As noir retourné, on refait, 35

Si c'eſt une autre Carte qu'un As noir, on continuë, & le coup eſt bon, *là-même.*

Si celuy qui donne ou celuy qui reçoit les Cartes, les tourne par hazard, le coup eſt bon, *là-même.*

S'il y a pluſieurs Cartes tournées en donnant, on refait, 36

Celuy qui donne dix Cartes ou qui les prend pour ſoy, ne peut joüer, *là même.*

Celuy qui n'en donne ou prend que huit, ne peut joüer, 39

Celuy à qui on donne huit ou dix Cartes peut joüer, en avertiſſant qu'il a trop ou trop peu de Cartes, 37

Celuy qui paſſe avec dix Cartes, ne fait pas la Bête, s'il

ne les a aprés les écarts faits, 37 & 38

Celuy qui a dix Cartes & qui n'a pas donné, peut joüer sans prendre; mais il faut pour cela qu'il bate ses Cartes & que l'on en tire une au hazard, 39

Celuy qui n'a que huit Cartes peut joüer sans prendre avec ses huit Cartes, *là-même.*

Celuy qui tourne une Carte du Talon, pensant joüer à un Jeu où l'on tourne, ne peut joüer, & n'en ôte pas la liberté aux autres, 40

Celuy qui joüe sans prendre à Jeu sûr, en l'étalant sur la table, n'est pas obligé de nommer sa couleur; si ce n'est qu'on l'obligeât à joüer, & que les autres voulussent écarter, 42

Celuy qui n'étant pas dernier en Carte & n'ayant pas Jeu à joüer ſans prendre, nomme ſa couleur ſans avoir écarté, & ſans avoir demandé ſi l'on jouë, eſt obligé de joüer ſans prendre, 44

S'il reſte des Cartes du Talon, celuy qui a écarté le dernier les peut voir ; auquel cas les autres ont le même pouvoir, 49

Celuy des deux autres qui les regarde, ſi le dernier ne les a pas vûës, fait la Bête, *là-même.*

Celuy qui a pris trop de Cartes du Talon ne fait pas la Bête, s'il ne les a vûës, *là-même.*

Si elles ne ſont pas confonduës avec ſon Jeu, il peut remettre celles qu'il a de

trop, *là-même.*
Si elles sont confonduës, on en tire une au hazard, que l'on met avec les écarts : mais il ne fait point la Bête, pourvû qu'il ne les ait pas vûës, *là-même.*
S'il n'en prenoit pas assez, il peut reprendre dans le Talon ce qui luy manque, si le Talon est encore sur la table ; sinon au hazard dans les écarts, 50
Celuy qui n'a pas de la couleur dont on jouë, n'est pas obligé de couper & mettre Triomphe, 51
On n'est pas obligé de mettre au-dessus de la Carte joüée, quoy qu'on le puisse, *là même.*
On ne doit pas joüer devant son rang ; mais on ne fait pas la

la Bête pour cela, 53
L'Hombre qui a vû une Carte qu'un des Joüeurs a tirée de ſon Jeu, ne peut la demander ; & elle n'eſt point cenſée joüée, qu'elle ne ſoit ſur le tapis, 53
Il eſt libre de tourner les levées faites par les autres, pour voir ce qui eſt paſſé, 54
Si le Jeu eſt faux, le coup eſt nul, ſi on s'en apperçoit en le joüant, *là-même.*
Si le coup eſt joüé, il eſt bon, quoy que le Jeu ſoit faux, *là-même.*
Le coup eſt joüé quand il ne reſte plus de Cartes dans les mains des Joüeurs, *là-même.*
Celuy qui renonce fait la Bête, 56
Quand quelqu'un a renoncé, on peut faire reprendre à

chacun ſes Cartes & joüer de nouveau, ſi le coup n'eſt pas achevé, *là-même.*

Pluſieurs Bêtes faites en un même coup, vont enſemble le coup ſuivant, 57

Les plus fortes Bêtes ſe joüent les premieres aprés celle qui étoit ſur la table avec les Tours, 58

Celuy qui peut faire ſes quatre levées ſans le ſecours d'un *Gano*, ne le doit pas demander, 62 & 64

L'Hombre ne doit en aucune maniere demander *Gano*, 63

L'Hombre ne doit pas demander à s'en aller, ou à faire la Bête, parce que ſa rentrée n'eſt pas favorable, *là-même.*

Quand les Joüeurs marquent diverſement, on paye ſuivant celuy qui marque le plus ; & on fait la Bête de même, 65

Quand on a gagné Codille, on met deux Jettons au Jeu, quoy qu'il y ait encore des Bêtes à tirer, 67

Celuy qui fait la Vole, gagne le double de ce qu'il y a au Jeu, 71

S'il y a plusieurs Bêtes, il les tire & rien de plus, 72

S'il y a plusieurs Bêtes qui aillent ensemble parce qu'elles ont été faites ensemble, ou parce que celuy qui a fait la derniere les a mises ensemble, on paye le double à celuy qui fait la Vole, *là-même.*

Quand on a entrepris la Vole, il n'est plus tems de s'en dédire, 73

La Vole est entreprise, quand aprés avoir fait les cinq premieres levées, on a joüé la sixiéme Carte, 73

Si celuy qui entreprend la Vole ne la fait pas, les deux autres partagent entre-eux tout ce qu'il y a au Jeu, *là-même.*

Quand la Vole est entreprise, les deux Joüeurs qui la défendent peuvent se communiquer leur Jeu, & convenir de ce qu'ils garderont pour l'empêcher, *là même.*

Si celuy qui a manqué la Vole a des Matadors, ou a joüé sans prendre, on les luy doit payer, 74

Celuy qui gagne Codille ne marque point aux Tours, 75

Quand la Reprise est commencée, celuy qui ne veut pas l'achever doit payer ce qu'il

y a de perte au Jeu, 76
Celuy qui écarte avant ſon rang, fait la Bête ſi les Cartes qu'il a priſes du Talon ne ſe peuvent démêler d'avec les ſiennes.

Fin de la Table des Loix du Jeu de l'Hombre.

Extrait du Privilege du Roy.

PAR grace & Privilege du Roy, donné à Verſailles le dix-huitiéme jour de Decembre 1698. ſigné, Par le Roy en ſon Conſeil, BECHET, & ſeelé ; Il eſt permis à CLAUDE BARBIN Marchand Libraire à Paris, d'imprimer ou faire imprimer, vendre & debiter un Livre intitulé *Le Jeu de l'Hombre comme il ſe jouë preſentement à la Cour & à Paris ; où l'on voit comment ſe jouë Eſpadille forcé, l'Hombre à deux, à trois & à cinq ; avec l'explication des Termes dont on ſe ſert en le joüant* ; pendant le tems de huit années conſecutives, à commencer du jour qu'il ſera achevé d'imprimer pour la premiere fois: Et défenses sont faites à tous Imprimeurs, Marchands Libraires & autres, d'imprimer, faire imprimer, vendre ni debiter ledit Livre, sous quelque pretexte que ce soit, sans le consentement de l'Exposant ou de ses ayant cause, à peine de trois mille livres d'amende, confiscation des Exemplaires, & de tous dépens, dommages & interests, ainsi qu'il est plus au long porté par ledit Privilege.

Registré sur le Livre de la Communauté des Imprimeurs & Libraires, conformément aux Reglemens. A Paris le 7. Janvier 1699.

Signé, C. BALLARD *Sindic.*

Achevé d'imprimer pour la premiere fois, le 24. Janvier 1699.

www.ingramcontent.com/pod-product-compliance
Lightning Source LLC
LaVergne TN
LVHW020019170826
845678LV00001B/46

* 9 7 8 2 3 2 9 7 9 3 3 6 8 *